Couvertures supérieure et inférieure
manquantes

MÉMOIRES

PRÉSENTÉS

A LA SOCIÉTÉ POLYMATHIQUE

DU MORBIHAN.

VANNES
IMPRIMERIE DE L. GALLES, RUE NOTRE-DAME.
—
1871.

LES
FEUX DE LA SAINT-JEAN.

(Séance du 27 juillet 1869. — Bulletin du 2e semestre 1873.)

> C'est la Saint-Jean ! des feux entourent la Bretagne,
> Serpent rouge qui va de montagne en montagne ;
> Et de chaque hauteur qu'illuminent les feux,
> Montent avec la flamme autant de cris joyeux.
>
> (Brizeux, histoires poétiques, *les Hêtres de Lo'théa.*)

Notre Armorique a le culte des souvenirs. Longtemps isolée, elle a vécu en elle-même, fidèle aux traditions du passé. De toutes les coutumes populaires qui remplissent les rares loisirs de ses campagnes, il n'est pas une seule qui ne remonte à une haute origine. Plusieurs de ses usages cachent un sens profond : les feux de la Saint-Jean sont de ce nombre. Je voudrais en retracer l'histoire.

I.

Avec le souvenir de la primitive révélation, le culte de Dieu disparut du monde. Le culte de la nature le remplaça. Parmi toutes les forces physiques dont l'homme ressent l'influence, le soleil, qui est lumière, chaleur et vie, fut, le premier, l'objet de ses hommages ; aux yeux d'intelligences obscurcies, les phénomènes que sa présence détermine étaient le signe d'une nature supérieure et bienfaisante. On l'adora, et Bel, le Seigneur, devint le grand Dieu de l'humanité. Son culte, qui est le culte des manifestations de la vie dans l'homme et dans la nature, se trouve au fond de toutes les religions anciennes et en forme l'âme.

Une observation curieuse et profonde, c'est que tous les noms antiques de la divinité révèlent l'idée de feu ou de lumière. Chez les peuples d'origine japhétique, en particulier, le mot zend *div*, qui signifie *luire*, forme la racine de tous ces noms. L'expression la plus répandue se prononce en sanscrit, *devas*, en grec, Θεὸς, en latin, *deus*, en lithuanien, *diewas*, en ancien celtique, *dia*. Chez les peuples germains cette racine existe aussi, mais elle est limitée à la dénomination d'un dieu déterminé, *Diu* ou *Ziu*, dont le nom s'est conservé, en allemand, dans celui du troisième jour de la semaine, *dienstag*. Toutefois, la signification générale qu'avait primitivement le mot *diu*, se retrouve dans la forme plurielle *tivar*, qui, dans l'Edda, veut dire les dieux. Le grec Ζεὺς, en éolien Δεὺς, vient de *dios*, *divos*. Le mot latin *Jupiter* était originairement *Djupiter* et *Diespiter*, qui revient au mot sanscrit *Divaspati*, le Seigneur du ciel, dénomination ordinaire de l'*Indra* indien, le roi du ciel. Un autre nom, mais qui s'en rapproche, est celui de *Diovis*, que les anciens Umbriens de l'Italie donnaient au dieu de la lumière, et auquel la déclinaison latine a emprunté les formes *Jovis*, *Jovi*, etc. Hérodote nous apprend que « chez les Perses, les sacrifices à *Zeus* se font sur les sommets les plus élevés des montagnes, parce que par *Zeus* ils entendent toute la sphère céleste. » Le même mot des Grecs, comme le *Jupiter* des Latins, présente un sens analogue. Nom d'une divinité déterminée, il signifie encore atmosphère, ciel.

Les religions idolatriques des anciens peuples aryâs proviennent donc du culte de la lumière. — Lassen, *Antiquités indiennes*, I, 755, 756 ; Gfroerer, *Histoire primitive du genre humain*, 118, etc.

II.

Il ne serait pas difficile, à l'aide des clartés aujourd'hui répandues sur l'histoire des premiers âges, de suivre chez les différentes nations, la trace de ce culte des astres du ciel. Mais l'objet de ce travail étant limité, je rapporterai seulement quelques témoignages qui en établiront l'existence parmi les Scandinaves et les Celtes, et détermineront l'origine des feux de la Saint-Jean. On remarquera que le culte du feu conserve un caractère identique dans les prescriptions de l'Edda et les traditions populaires du moyen-âge. A cette dernière époque, les monuments mégalithiques, dont la destination était déjà ignorée, reçurent également des hommages superstitieux.

Chez les Scandinaves, le soleil était Odin, et, dans ce rôle, le dieu portait douze titres différents, selon les douze mois de l'année, et cinquante-deux surnoms répondant aux cinquante-deux semaines. On l'appelait le flamboyant, Svidur ; le resplendissant, Gimnir ; le père du solstice, Jolfadir ; le dieu à l'œil de feu, Baleigur. — Ozanam, *Études germaniques*, I, 183. — Le peuple avait confondu son chef Odin, celui qui, de l'Orient, le conduisit à sa patrie définitive, avec la divinité, objet de ses antiques adorations. Or, voici ce que rapporte l'*Ynglinga-Saga*, recueil de traditions suédoises :

« ..... Odin remit en vigueur pour son pays les anciennes lois des Ases. Il y était ordonné que la dépouille des morts serait livrée aux flammes, où l'on jetterait aussi leurs richesses... Il y avait ordre de jeter dans la mer les cendres des bûchers ou de les couvrir de terre amoncelée. On devait élever aux chefs et aux princes des tertres funéraires, afin de les rappeler à la mémoire de la postérité. Aux hommes vaillants et qui s'étaient distingués de la foule par de grandes épreuves, on devait ériger des pierres monumentales, et cette coutume se conserva longtemps chez les nations qui suivirent. Odin voulut encore qu'il y eût un premier sacrifice, aux premières brumes, pour obtenir d'heureuses moissons ; un second, au milieu de l'hiver, pour les autres biens de la terre, et une troisième fête, au commencement de l'été : c'était le sacrifice de la victoire. » — Ozanam, *Ibid.*, notes. — Et il s'agit bien ici de ces sacrifices dont 'habitude s'est conservée jusqu'à nos jours, avec une signification différente. Nous en avons la preuve dans une homélie adressée par saint Éloi, vers le milieu du VIIe siècle, aux peuples de la Frise et recueillie par saint Ouen, son disciple et son historien. En voici quelques fragments :

« Avant tout, je vous déclare et vous signifie que vous ne devez pratiquer aucune des sacriléges coutumes des païens... Que nul chrétien ne croie aux bûchers superstitieux, que nul ne s'asseye auprès pour chanter, car ce sont là des œuvres du démon. Que nul ne profane la fête de saint Jean, ni aucune autre fête des saints, en solemnisant les solstices par des danses, des chœurs et des chants diaboliques. Que nul n'allume des lampes auprès des sanctuaires païens, des pierres, des fontaines et des arbres, ni dans les carrefours... Que nul n'appelle le soleil et la lune du nom de seigneurs, ni ne jure par eux, car ce sont des créatures de Dieu, et que Dieu a mises au service des hommes. » *Ex vita sancti Eligii, auctore Audoeno, apud d'Achery, spicilegium*, T, V. p. 215.

Odin rétablit les coutumes des ancêtres. Chez les Celtes, un fait semblable se présente. Lorsque les Kimris envahirent nos pays, ils ne firent que continuer sous une forme plus parfaite, les traditions des Galls, leurs aînés de mille ans. Hu-Kadarn, — Hu, pour huel ou ihuel, grand, élevé, et Kad, guerre, combat. — Hu-Kadarn, le grand guerrier, législateur et pontife, comme Odin, est, ainsi que lui, fils de la divinité :

> Bel, ior, Dianâ, quel que fut son grand nom,
> Régnait jadis au ciel, Dieu formidable et bon,
> Et son fils Hu-Kadarn, image de son père,
> Avec Kéd, son épouse, habitait sur la terre.
>
> (Brizeux, *les Bretons*, chant V.)

Les druides — les hommes du chêne ; chêne est mon nom, dit Taliesin, derw... Henou i'm — les druides sont les fils de Hu-Kadarn et de sa femme Kéd ou Korridguen — Kéd, bienfaisante, Korridguen ou Korrik-huen, petite fée blanche ; — pour prix de cette origine, ils ont fait des dieux de ceux qui leur ont donné le jour. — De Riancey, *Histoire du monde*, t. I, p. 396, 1re édit. — Plus que l'Inconnu-Éternel — *dianâ* inconnu, *ior* éternel, — le soleil et la lune sont l'objet d'un culte ; ils sont figurés par le feu sacré.

Le druide instruit son disciple :

> Eiz tan gand tan ann tan-tad,
> E miz mae e menez kad.
> Huit feux avec le feu du père,
> Au mois de mai sur la montagne de la guerre.

Le huitième feu, le feu du père, ou le père du feu, ou le feu principal, semble être le Bel-tan, ou feu du Dieu Bel, que les Celtes d'Irlande allumaient sur les montagnes, en l'honneur du soleil, au mois de mai. — Adolphe Pictet, *Traditions celtiques*.

Un des plus anciens bardes gallois, Avaon, fils de Taliesin, chante le char du soleil et ses blonds coursiers sous la figure du feu sacré :

« Il s'élance impétueusement, le feu aux flammes ! Nous l'adorons plus que la terre ! Le feu, le feu ! Comme il monte d'un vol farouche ! Comme il est au-dessus des chants du barde !

Comme il est supérieur à tous les autres éléments ! Il est supérieur au Grand-Être lui-même. Dans les guerres il n'est point lent !... Ici, dans ton sanctuaire vénéré, ta fureur est celle de la mer ; tu t'élèves, les ombres s'enfuient ! Aux équinoxes, aux solstices, aux quatre saisons de l'année, je te chanterai, juge de feu, guerrier sublime, à la colère profonde ! »

Dans leurs redoutables ébats, les guerriers s'écrient :

> Goad, gwin ha korol
> Di'd, heol !
> Goad, gwin ha korol.
> Sang, vin et danse
> A toi, soleil !
> Sang, vin et danse.

Neuf korrigans dansent avec des fleurs dans les cheveux et des robes de laine, autour de la fontaine, à la clarté de la pleine lune :

> E koroll, nao c'horrigan,
> Bleunyek ho bleo, gwisket gloan,
> Kelc'h ar feunteun, d'al loar-gann.

Des auteurs assurent que, dans une île voisine de l'Armorique, on rendait un culte à la lune sous le nom de Korré ou Korri. — Barzaz-Breiz, *passim, avec indication des sources.*

— La femme de Hu-Kadarn, déifiée sous la dénomination de Korri, a légué son nom aux druidesses, — Korri-gan, **né de Korri.** — Avec l'ordre sacerdotal, les Korrigans n'ont pas disparu. L'imagination populaire a peuplé la nature de fées et de nains, qui continuent les rondes nocturnes autour des fontaines et des pierres.

Chez les Scandinaves et les Celtes, nous avons trouvé les mêmes traditions. Les deux peuples adoraient les astres. Odin, rétablissant les coutumes des Ases, ordonne de célébrer des feux aux équinoxes et aux solstices. Pour le barde gallois ou armoricain, le soleil est supérieur aux éléments, supérieur à Dieu lui-même. Les guerriers le saluent et lui adressent des hommages. Aux quatre saisons, il est l'objet d'un culte spécial ; au solstice d'été surtout, suivant la Saga, ou au mois de mai, d'après le chant du druide, des feux s'allument en son honneur, sur les montagnes ; on célèbre la fête de la victoire, le triomphe du soleil qui apparaît dans toute sa splendeur. Voilà bien l'origine des feux de la Saint-Jean, origine toute païenne, un sacrifice au Dieu de la vie. Saint Éloi demande à son peuple, déjà chrétien, de ne plus profaner la fête de Saint-Jean par des bûchers superstitieux, des danses et des chants. Il nous reste donc à examiner rapidement quelle a été, sur cette coutume, l'influence du christianisme.

III.

Le christianisme est venu. Les peuples se sont convertis, mais ils n'ont pas entièrement renoncé aux vieilles traditions. Aux dogmes et à la morale de l'Église, ils mêlent des croyances et des usages d'origine idolâtrique. Le soleil, les chênes, les fontaines, n'ont pas encore perdu leur caractère divin ; bien plus, les monuments mégalithiques eux-mêmes sont devenus un objet de vénération.

De bonne heure, les évêques et les rois durent réagir contre ces superstitions. Les conciles s'en occupèrent, et les capitulaires vinrent donner leur appui aux décisions ecclésiastiques. En voici quelques exemples : on ne trouvera pas, dans les textes suivants, une condamnation expresse des fêtes du solstice ; les paroles de saint Éloi recueillies par saint Ouen, et qui se rapportent à cet usage comme aux autres pratiques païennes, prouvent que les décisions étaient générales. D'ailleurs, les feux sacrés y sont mentionnés.

Le second concile d'Arles (452) déclare (Canon XXIII) coupable de sacrilége l'évêque qui tolère, sur son territoire, la coutume des flambeaux sacrés, le culte des arbres, des fontaines et des pierres. « Si in alicujus episcopi territorio infideles aut faculas accendunt, aut arbores, fontes vel saxa venerantur, si hoc eruere neglexerit, sacrilegii reum se esse cognoscat. Dominus aut ordinator rei ipsius, si admonitus emendare noluerit, communione privetur. » Il résulte de ce canon que le concile considérait comme dangereuses pour la foi des convertis les superstitions païennes. Ce qui y est dit des flambeaux, « faculas accendunt, » exprime une des formes du culte rendu aux objets énumérés ensuite. Peut-être faudrait-t-il donner à cette expression, dans le sens du concile, une signification plus étendue.

Le second concile de Tours (567) ordonne (Can. XXII) de chasser de l'Église ceux qui s'adonnent à ces pratiques. « Contestamur illam sollicitudinem tam pastores quam presbyteros gerere, ut quemcumque viderint... ad nescio quas petras, aut arbores, aut ad fontes, designata loca gentilium, perpetrare quæ ad Ecclesiæ rationem non pertinent, eos ab Ecclesia sancta auctoritate repellant. »

Le premier concile germanique (742) est plus explicite. Le canon V énumère les différentes habitudes idolâtriques qu'il faut extirper. Nous en prendrons seulement ce qui se rapporte directement à notre sujet. « Decrevimus quoque, ut secundum Canones unusquisque episcopus in sua parochia sollicitudinem gerat... ut populus Dei paganias non faciat... sive illos sacrilegos ignes, quos Nedfratres vocant, sive omnes, quæcumque sunt, paganorum observationes diligenter prohibeant. »

Carloman, duc d'Austrasie, en publiant les décisions du concile de Leptines (743), détermine une amende. « Decrevimus, quod et pater meus ante præcipiebat, ut qui paganas observationes in aliqua re fecerit, multetur et damnetur XV solidis. »

On pourrait multiplier les citations. Il n'en est pas besoin.

La persistance des traditions celtiques est un fait avéré, comme les combats incessants soutenus par l'Église. Le culte du feu sacré, de même que beaucoup d'autres, ne put être vaincu : il fut transformé. Au solstice d'été, les Gaulois s'assemblaient sous les ordres de leurs druides, dans un lieu consacré, « considunt in loco consecrato. » Cæsar, *de bello gallico*, lib. vi. — Ces réunions subsistent encore, mais le christianisme en a détruit le caractère païen. Les feux s'allument toujours ; des cérémonies symboliques s'accomplissent ; au son d'une sauvage musique, des chants sont exécutés : ils ne s'adressent plus à l'astre du jour. Fidèle à sa prudente manière d'agir avec les barbares, l'Église n'a pas abattu le temple, elle l'a purifié ; le menhir est toujours debout, mais la croix le domine. Le feu du solstice est devenu le feu de Saint-Jean. Peut-être y découvrirait-on encore plus d'un élément superstitieux.

LE MAI.

(Séance du 28 mars 1871.)

L'origine du *Mai* est analogue à celle des feux de la Saint-Jean. A côté des systèmes religieux adoptés par les Gals, importés par les Kimris ou inventés par les Druides, le culte de la nature conservait ses partisans et imposait ses pratiques. Le soleil était le dieu suprême, dout l'influence communiquait la vie aux êtres divers. Le feu sacré était à la fois un symbole et une forme d'adoration. Les hommages adressés au soleil s'étendaient à des objets considérés comme des manifestations de son pouvoir. Les fleuves, les fontaines, les arbres recevaient un culte particulier. Le chêne était la figure et le sanctuaire de la divinité. Le gui attestait sa présence et lui devait ses vertus. A un degré inférieur, les autres arbres étaient vénérés. Au printemps, la vie semble renaître. La première éclosion des feuilles témoignait de la puissance bienfaisante du dieu. Les fidèles, en couvrant de feuillages nouveaux leurs maisons et leurs champs, croyaient faire acte de foi et s'attirer la protection du ciel. La coutume du Mai n'a plus, aux yeux du peuple qui la pratique, aucune signification bien déterminée. Si quelques-uns y sont fidèles par tradition superstitieuse, pour la plupart ce n'est que le maintien d'un souvenir dont ils ne comprennent pas la valeur. Le Mai doit se rattacher à quelque antique cérémonie destinée à célébrer le renouveau, peut-être aux feux allumés sur les montagnes au mois de mai, suivant le chant du Druide.

BRITTONES ET BRITANNI.

(Séance du 25 janvier 1870.—Bulletin du 1er semestre 1870.)

Nous lisons dans la *Revue des questions historiques* :

« Je signalerai ici une brochure de M. Vincent de Wit, philologue distingué, qui.... vient de publier un mémoire sur la « différence entre les Bretons de l'île et les Bretons du continent. » Depuis le temps de Cellarius, on a recherché si les noms de Brito, Britto, Britannus, etc., indiquaient les habitants de l'Angleterre, ou si les deux premiers noms s'appliquaient à un peuple différent, établi dans la moderne Bretagne. M. d'Arneth a publié à Vienne, en 1843, un document militaire de l'an 838 de Rome (85 de J.-C.), dans lequel on voit combattre, en Pannonie, *Cohors I Britannica Milliaria* et *Cohors I Brittonum Milliaria*. C'était donc deux peuples différents.... Les conclusions sont que *Brittia* était le nom ancien de la péninsule du Jutland, et que ses habitants s'appelaient *Brittones*. Ils émigraient de temps en temps vers le sud, tantôt seuls, tantôt avec des peuples voisins. Poussés par les émigrations qui survenaient, ils passèrent sur les côtes de la *Gallia Belgica*, et, de là, dans l'île à laquelle ils ont donné leur nom. D'autres, parsemés dans la *Germania*, se sont étendus le long du Rhin ; puis, dans le premier siècle de l'ère vulgaire, se sont établis dans la Belgique. Les Romains, les ayant subjugués, les obligèrent à servir dans leurs armées. Au commencement du vᵉ siècle, lorsque l'empire romain tombait en dissolution, ils recouvrèrent leur liberté, et, à la fin, conquirent l'Armorique, où ils s'établirent en lui donnant leur nom. Cette thèse, soutenue avec érudition, mérite d'être étudiée par les habitants de la Bretagne, si jaloux de tout ce qui regarde l'histoire de leur pays. » — *Revue des Questions historiques;* livr. du 1ᵉʳ oct. 1867, *Courrier italien.* — Différence, etc.; tome X, 2ᵉ série des *Opuscoli religiosi letterari e morali;* Modène 1867.

I.

Avant d'entreprendre l'examen de ce système, il paraît utile de rappeler quelques faits relatifs aux contrées occupées par les Celtes et à l'origine de ce peuple. Cet aperçu préliminaire ne sera pas un travail de discussion, mais un résumé des conclusions aujourd'hui généralement adoptées.

Plutarque nous fournit, à ce sujet, une des traditions les plus anciennes. « Dans l'origine, dit-il, — *Vie de Camille,* ch. xv. — les Celtes habitèrent à l'autre côté des monts Riphéens; mais, plus tard, ils se multiplièrent tellement, que leurs demeures devinrent trop étroites. Alors, ils se mirent en marche, non pas tous ensemble, mais par bandes séparées. Les uns, ayant franchi ces montagnes, se dirigèrent vers la mer du Nord et s'établirent aux limites les plus extrêmes de l'Europe (c'est-à-dire en Bretagne). Les autres firent irruption vers l'Ouest et fixèrent leur séjour entre l'Océan et les Pyrénées (c'est-à-dire en Gaule). Ce ne fut qu'assez longtemps après que les Celtes, venus en Gaule, envahirent l'Italie. »

Les découvertes ethnologiques confirment ce témoignage.

La détermination des monts Riphéens, est pleine, il est vrai, de difficultés. Mais, quelle que soit la solution adoptée, que l'on en fasse ou l'Oural, ou les montagnes de l'intérieur de la Russie, ou les Carpathes, un fait est certain : les Celtes vinrent de l'Est ; et, avant de s'établir dans les pays d'occident, ils habitaient, à l'orient de l'Europe, probablement les vastes territoires de la Russie actuelle.

Un autre peuple allait les suivre. Les Cimmériens, sortis des Palus-Méotides, s'étaient avancés vers le Nord. Du Jutland, qui, de leur nom, s'appelait Chersonèse cimbrique, ils se répandirent dans les pays du Rhin, d'où ils passèrent en l'Ile de Bretagne. Dans cette contrée, ils ont laissé de vivants souvenirs de leur établissement. La principauté de Galles, au moyen-âge, se nommait *Cumbria* ; les Gallois donnent à leur patrie le nom de *Kymru*, et à eux-mêmes celui de *Kymry*. Des Cimmériens ou Cimbres, dont les irruptions se répétèrent dans la suite, quelques-uns ont fait une nation de race germanique, d'autres de Celto-Germains. La plupart les considèrent comme une branche latérale de la race celtique. Quoi qu'il en soit, dans les pays qu'ils habitèrent, ils refoulèrent l'ancienne population, ou une fusion s'opéra entre les deux peuples, avec prédominance de l'un ou de l'autre, suivant les lieux, mais avec une parfaite conformité de langage. Pour la Gaule, beaucoup n'admettent pas que la première invasion des Cimbres se soit étendue en-deçà de la Belgique ; d'ailleurs, dans la thèse contraire, une conclusion s'impose : ou bien les Cimmériens repoussèrent l'ancienne population celtique, ou ils se mêlèrent à elle. Dans l'une et l'autre solution, il reste démontré que, au sein de la Gaule et de la Bretagne, existait une race identique pour l'origine, mais formée de tribus différentes d'antiquité.

Nous pouvons maintenant examiner le système proposé.

II.

Ce n'est pas le lieu de rechercher si le nom primitif du Jutland était Brittia, si les habitants de cette péninsule s'appelaient Brittones. Le fait serait établi qu'il ne ferait rien à notre cause. Nous ferons seulement remarquer l'étrange phénomène de ce peuple qui, comme les Celtes, se divise en deux branches, dont l'une envahit la Gaule, dont l'autre suit les rivages de la mer du Nord et s'empare enfin de la Bretagne qui lui doit son nom. Mais là n'est pas, entre l'auteur et nous, la difficulté. Nous admettons comme lui qu'une même race se répandit dans le continent occidental et dans l'île voisine, et que, dans la suite, cette île s'appela *Britannia*. Nous croyons aussi que Brittones et Britanni désignent un même peuple que le hasard des émigrations a divisé en deux rameaux. Mais l'auteur du mémoire semble indiquer qu'une seule nation, une nation homogène, celle des Brittones, a occupé la Bretagne et le continent. Nous espérons établir que l'île fut peuplée par plusieurs tribus celtiques, au nombre desquelles étaient les Brittones ou Britanni.

Tout le monde s'accorde à dire que la grande île voisine de la Gaule portait, avant Jules César, le nom de Bretagne; qu'on l'avait appelée ainsi sans ajouter, comme on a fait depuis, le nom distinctif de *Grande*; que, jusqu'au vᵉ siècle, ce nom n'était pas celui de l'Armorique. Nous verrons bientôt que ce dernier pays ne fut nommé Britannia, Britannia-Cismarina, Minor, qu'après l'expulsion des Bretons de leur île.

Pour ce qui concerne la Grande-Bretagne, on lit dans le vénérable Bède : — *Hist. d'Anglet.* liv. I. — « Cette contrée eut d'abord pour habitants les Bretons qui lui donnèrent leur nom; lesquels, ainsi qu'on le dit, traversèrent la mer et passèrent du pays d'Armorique, *ex tractu armorico*, et s'établirent dans les parties méridionales de l'île. » Écartons d'abord cette erreur qui ferait de l'Armorique le pays d'origine des Bretons insulaires. César dit formellement : *ex Belgio transierant.* Ou bien le vén. Bède était-il trompé par une similitude de noms à son époque, ou supposait-il que le nom d'Armorique était commun à toutes les régions des Gaules, situées sur la mer. Le mot Armorique signifie, il est vrai, maritime. Pline, pour cette raison, appelait le pays de la Guyenne moderne *Aremorica*; mais César n'emploie jamais cette dénomination pour la Gaule Belgique.

Des tribus gauloises avaient donc traversé le détroit. Du nombre étaient les Britanni. César nous apprend que l'irruption se fit de la Belgique. En effet, Pline, — liv. IV — faisant le dénombrement des peuplades comprises entre l'Escaut et la Seine, nomme, entre autres : Menapii, Morini, *Britanni* Ambiani, etc. Des fractions de tribus avaient passé la mer. D'après les *Commentaires*, — liv. V — plusieurs parties du littoral avaient été peuplées par les Gaulois. Venus pour piller, ils s'arrêtèrent dans l'île et donnèrent leur nom aux contrées qu'ils occupaient. « *Qui omnes fere iis nominibus civitatum aprellantur, quibus orti ex civitatibus eo pervenerunt, et bello illato remanserunt atque agros colere cœperunt.* » La carte de la Grande-Bretagne, dans *Ptolémée*, se trouve, en cela, conforme au témoignage de César. On y voit des peuples appelés encore de son temps Belgæ, Atrebatii, Parisii. Ces noms et d'autres étaient particuliers à certains cantons. Les Britanni, soit qu'ils fussent les plus nombreux, les plus puissants, soit pour toute autre cause, imposèrent le leur à tous.

III.

Il n'est pas nécessaire d'examiner toutes les assertions de notre auteur. L'objet de cette étude ne demande pas que nous suivions les Brittones dans leurs pérégrinations sur les rives du Rhin. Nous croyons que ce peuple n'est autre que celui des

Britanni de la Gaule belgique ; il n'y a donc pas d'intérêt à rechercher si leur établissement dans ces régions date du premier siècle ou d'une époque différente. Habitants de la Gaule, ils ont été subjugués par les Romains ; sujets de Rome, comme les Gaulois et les Bretons insulaires, ils ont dû, comme eux, fournir des auxiliaires à ses armées. Dès-lors, la présence en Pannonie, l'an 85 de J.-C., de cohortes bretonnes n'a rien que de très admissible. La désignation des deux cohortes, composées, l'une de Britanni, l'autre de Brittones, indique bien des peuples divers ; mais ce fait ne doit pas étonner : Pline signale, sur le continent, l'existence d'un peuple de Britanni. Descendants des Brittones qui ne suivirent pas leurs frères dans l'île, ils ont pu conserver leur vrai nom et le transmettre à l'un des corps auxiliaires de la Pannonie. Les insulaires auraient fourni le second.

Il est temps d'arriver à la question principale.

IV.

« Au commencement du ve siècle, lorsque l'empire romain tombait en dissolution, ils (les Brittones de la Gaule Belgique) recouvrèrent leur liberté, et, à la fin, conquirent l'Armorique, où ils s'établirent en lui donnant leur nom. » Voilà la thèse. Il suffira, croyons-nous, pour y répondre, d'exposer brièvement les rapports nombreux de l'île de Bretagne et de l'Armorique à cette époque. Après avoir rappelé les phases principales de ces relations lointaines, il sera plus facile de conclure que l'occupation d'une partie de l'Armorique et le changement du nom de la presqu'île sont le fait, non des Brittones des légions romaines, mais des Bretons insulaires émigrés.

Sous le règne de Théodose, Maxime se fit proclamer empereur dans la Grande-Bretagne (383). Pour achever sa fortune, il passa sur le continent, suivi d'une armée formée, en partie, de naturels de l'île. A ce moment se placerait la fondation du royaume de la Petite-Bretagne, sous le Konan Mériadek. Tout ce qui concerne l'histoire de cet établissement prétendu a déjà été l'objet d'études trop importantes pour qu'il soit nécessaire de s'y arrêter longuement. Qu'il nous soit seulement permis de présenter quelques observations. Les auteurs contemporains et ceux qui ont écrit pendant les cinq ou six siècles suivants gardent sur ce point un silence absolu. D'ailleurs, ces Bretons de l'île composaient la plus grande partie de l'armée de Maxime. L'usurpateur n'aurait eu garde d'affaiblir sa puissance, en leur permettant de s'établir en Armorique, quand il préparait sa défense contre l'effort de tout un empire. Enfin, la lutte éclate. Théodose est vainqueur et Maxime reçoit son châtiment. L'Occident soumis de nouveau à l'autorité impériale, il est difficile d'admettre le maintien d'une petite principauté à l'extrémité des Gaules, quand la Grande-Bretagne elle-même obéit docilement.

Cependant la Bretagne et la Gaule sont encore le théâtre de nouvelles usurpations, sous Théodose et Honorius; de tous côtés les barbares franchissent les frontières : l'empire devient inégal à tant d'ennemis.

Parmi ces mouvements, le peuple de la Grande-Bretagne n'était plus qu'imparfaitement protégé par les armes romaines. Exposé continuellement à des invasions et réduit à se défendre soi-même, il secoua le joug de l'Empire et se constitua en État indépendant. Les mêmes causes amenèrent ailleurs le même résultat. Vers les premières années du v° siècle, l'Armorique et les pays voisins se séparèrent de Rome : « *Idem fecit omnis tractus aremoricus* » dit l'historien Zozime, liv. vi. Ces régions avaient donc été jusque alors soumises aux Romains. S'il faut en croire le panégyrique de l'empereur Avitus, par Apollinaire, un lieutenant d'Aëtius, Celse, remit bientôt l'Armorique dans l'obéissance. Nous y lisons :

.... *Scythicos equites tum forte subacto Celsus aremorico Geticum rapiebat in agmen per terras, Arverne, tuas.*

Cette soumission ne dut être que momentanée, et la liberté de la presqu'île fut le prix de son concours contre les barbares.

La situation des Bretons devient déplorable. Impuissants à repousser les Pictes et les Scots, ils implorent les secours d'Aëtius et reconnaissent son autorité. Les Romains se présentent et les ennemis sont repoussés. Mais la fortune des Romains en Gaule est elle-même précaire : ils se retirent. Les barbares reviennent; les légions rappelées les chassent encore. Sous Théodose-le-Jeune, une nouvelle demande ne peut être accueillie. Les Bretons se défendent eux-mêmes et restent vainqueurs. Cependant les irruptions continuent. Les Bretons font appel aux Angles et aux Saxons de la Germanie. Ceux-ci accourent et repoussent l'ennemi. Mais bientôt ils tournent les armes contre leurs alliés. Une partie des Bretons se retirent dans le pays de Galles, où ils se maintiennent; d'autres, en grand nombre, passent la mer : « *Alii transmarinas petebant regiones* » dit Gildas-le-Sage, contemporain de l'événement. — Bède, liv. I, passim.

Quel était l'état de l'Armorique avant l'arrivée des Bretons? Les émigrés insulaires ont-ils trouvé une population compacte, civilisée, à laquelle ils se sont mêlés? Se sont-ils, au contraire, établis dans une contrée presque déserte? Y ont-ils, parmi des habitants rares et ignorants, formé des établissements politiques indépendants? Nous n'avons pas à entrer dans la discussion de ces thèses opposées. Une chose est certaine : les émigrés successivement arrivés dans la péninsule étaient fort nombreux. Les preuves de ce fait abondent. Sans parler de l'espace restreint que les Bretons conservèrent dans leur île après la conquête, qu'il suffise d'en appeler aux détails fournis par les récits hagiographiques. D'ailleurs, depuis la fin du v⁰ siècle, les noms de *Brittones* et *Britannia* sont presque uniquement employés pour désigner la presqu'île et ses habitants. A cette époque remonte également la distinction, dans les chants populaires, des *Bretoned* et des *C'hallaoued*. Pour le barde comme pour l'historien, les C'hallawed constituent l'ancien peuple armoricain, les Gallo-Romains. Groupés en cités libres, depuis le commencement du v⁵ siècle, ils se soumirent ou s'allièrent aux Francs, après la conversion de Clovis, et passèrent par des phases diverses d'indépendance et d'assujétissement, jusqu'à l'érection du royaume breton. Les Bretons, au contraire, sont les descendants de ces insulaires qui s'établirent dans la partie occidentale de l'Armorique et en absorbèrent les habitants. Ceux mêmes qui n'admettent pas le *désert armoricain*, au v⁵ siècle, doivent accepter cette conséquence. La prépondérance, la domination exclusive de l'élément breton peut seule expliquer le maintien de la langue originale dans une moitié de la péninsule. Il en résulte également qu'ils vécurent de leur vie propre, à l'abri d'institutions indépendantes. Leur liberté ne succomba, momentanément, qu'à la suite des conquêtes de Charlemagne; et cette sujétion de la Bretagne entière à un prince étranger excitait l'étonnement des chroniqueurs contemporains.

V.

Rapprochons ces faits des conclusions du mémoire que nous étudions. D'après ce mémoire, l'Armorique aurait été conquise par des cohortes de Brittones, de la Gaule Belgique, que la chute de l'Empire avait rendues à la liberté. L'auteur admet que cet événement s'est passé à la fin du v⁵ siècle; il suffit donc d'examiner comment il pourrait se concilier avec l'état de la Bretagne à cette époque.

Considérons à part les contrées qu'occupèrent les Bretons émigrés et celles qui restèrent la possession des Armoricains.

I. Un fait est démontré : l'émigration fut très nombreuse et se prolongea plus d'un siècle. Quant à la situation du pays, deux opinions sont en présence. Dans l'hypothèse du *désert armoricain*, les insulaires y fixèrent leur séjour en vertu du droit du premier occupant. Ils formèrent, dans l'indépendance, un peuple nouveau, dont les émigrations successives ne firent qu'augmenter la force et la cohésion. Au contraire, la presqu'île offrait-elle partout une population considérable, les tribus armoricaines durent, nous l'avons vu, être absorbées par les Bretons ; et nous arrivons au même résultat : la constitution d'une nation puissante et libre. Dans les deux hypothèses, il n'y a point place pour une conquête par les Brittones. Allons plus loin : vous arrêtez-vous à la supposition inacceptable de la domination ou de la suzeraineté des Mérovingiens sur les Bretons, la question est également résolue. Sujets ou alliés des Francs, ils n'ont point à redouter quelques légions ; indépendants, ils ont su garder leur liberté contre les aventuriers, comme ils l'ont gardée contre les maîtres de la Gaule.

II. S'agit-il de la partie de la péninsule occupée par les Gallo-Romains, nous avons vu ce peuple, dès le commencement du ve siècle, se grouper en cités indépendantes. Exposée d'abord à l'effort des Romains, plus tard aux coups des Bretons d'un côté, des Francs de l'autre, la confédération armoricaine a eu des destinées diverses. Mais, quelle que fût sa situation, on n'y voit point où placer une conquête de la nature de celle que nous repoussons. Bien plus, à cette époque et plus tard, ce peuple reçut, dans son sein, des tribus d'origine variée, et il n'apparaît pas que sa constitution en ait souffert. Gallo-Romains, Bretons, Saxons, Alains se fusionnèrent. Les soldats romains eux-mêmes, suivant la remarque de Procope, ne pouvant retourner en Italie, après les victoires de Clovis, se réunirent, selon les lieux, aux Armoricains et aux Francs, acceptèrent leurs institutions et les aidèrent dans leurs combats. Mais, comme dans le reste de la Gaule, la langue primitive avait disparu. La longue domination des Latins, l'assimilation des tribus barbares en avaient profondément modifié le caractère. Tandis que s'élaborait la langue future des Français, les Bretons consolidaient leur puissance ; et, gardant leur idiome avec leurs traditions, ils imposaient le nom de Bretagne à leur nouvelle patrie.

LES PEUPLES CONSTRUCTEURS

DE

MONUMENTS MÉGALITHIQUES.

(Séance du 31 janvier 1871. — Bulletin du 1ᵉʳ Semestre 1871.)

Ouvrages consultés :

L. Figuier, l'Homme primitif. — Fr. Lenormand, Manuel d'histoire ancienne de l'Orient, t. I. — Gfroerer, Histoire primitive du genre humain. — Le Tour du Monde, revue des voyages. — Revue du Monde Catholique, n° du 10 décembre 1868. — Vivien de Saint-Martin, Année géographique. — Gifford Palgrave, Une année de voyage dans l'Arabie centrale, 1862-63. — W. Atkinson, Voyages sur les frontières russo-chinoises et dans les steppes de l'Asie centrale, 1848-54. — Annales de la Propagation de la Foi, tomes 36, 37, 38, 39. — Ozanam, Études germaniques, t. I.

Le temps n'est plus où l'on attribuait exclusivement aux Celtes et à leur caste sacerdotale l'érection des Monuments mégalithiques. Les travaux nombreux qui ont eu pour objet les antiquités pré-historiques ont établi que des constructions de ce genre se rencontrent sur la plupart des points explorés, et qu'elles ont eu pour auteurs des peuples appartenant aux races les plus diverses. Je voudrais, dans cette rapide étude, appuyer cette thèse de quelques arguments nouveaux, à l'aide des données de la science ethnographique et de documents récents ou peu connus.

Des trois grandes races qui se séparèrent après la confusion des langues, les Chamites s'éloignèrent d'abord du centre commun. Les Sémites plus tard, et, en dernier lieu, les Japhétides allèrent occuper les territoires que la Providence leur destinait.

I.

CHAMITES.

INDE. — Tribu des Khasias.

Cham, le brûlé du soleil, eut plusieurs enfants. Le premier est Chus ou Kousch, dont la prospérité se répandit, en partie sur les bords du Tigre et dans l'Inde. Les Aryâs, de la race de Japhet, lorsqu'ils envahirent ce dernier pays, n'en détruisirent pas toute la population.

Dans l'Est du Bengale, dit la Revue du Monde catholique, existe encore une tribu, celle des Khasias, qui se rattache au fils de Cham. Ils occupent une chaîne de montagne qui porte leur nom et qui s'étend du nord au sud, entre les plaines de l'Assam et du Sylhet, et de l'est à l'ouest, entre la partie centrale du Cachao et les monts Garrows. Leur langue est monosyllabique et abondante en consonnances nasales. Les Khasias vivent aujourd'hui dans un état de demi-sauvagerie. Ils construisent encore des dolmens, ils érigent des menhirs, des cromlechs. Bien plus, les moyens dont ils se servent pour extraire leurs pierres, les transporter, les dresser, sont restés les mêmes depuis l'antiquité la plus reculée, et présentent une grande analogie avec les agents dynamiques accusés par d'anciens bas-reliefs de l'Égypte. « On pratique sur le rocher des entailles dans lesquelles on verse ensuite de l'eau froide ; le rocher se fend dans la direction des entailles. Quant au transport et à l'érection des blocs, des leviers et des cordes sont les seuls moyens employés..... Pour en finir avec les Khasias, voici une bien curieuse remarque : dans leur langage, pierre se dit *man*, et ce nom entre aussi fréquemment dans la composition des noms de leurs villages que le même mot *man*, *maen*, *men*, dans les villages de la Bretagne, du pays de Galles et de la Cornouaille. Ainsi, *man-mai* signifie, en Khasias, la pierre du serment ; *man-loo*, la pierre du sel ; *man-flong*, la pierre de l'herbe. »

AFRIQUE SEPTENTRIONALE. — Descendants de Kousch, de Misraïm et de Phut, fils de Cham.

La postérité de Kousch ne se répandit pas seulement dans les contrées situées au-delà de l'Euphrate. Elle fut aussi la tige de peuples africains. L'identité de la race de Kousch et des Éthiopiens est certaine ; les inscriptions hiéroglyphiques de l'Égypte désignent toujours les peuples du Haut-Nil, au sud de la Nubie, sous le nom de Kousch. Les *Bischaris* de ces contrées parlent encore la langue des Éthiopiens.

Dans les livres saints, *Misraïm* est l'appellation de l'Égypte, et, de nos jours encore, les Arabes appliquent le nom de *Misr* soit à la capitale de l'Égypte, soit à l'Égypte entière.

Un autre fils de Cham est connu sous le nom de *Phut*. L'identité de la descendance de Phut avec les peuples qui habitaient les côtes septentrionales de l'Afrique, est généralement admise. Ce nom désigne les Lybiens. L'idiome de ce peuple n'a pas complètement disparu ; modifié par les influences sémitiques, il a été conservé jusqu'à nos jours par les Kabyles et les Touaregs.

Sans faire entrer les Égyptiens au nombre des peuples constructeurs de monuments mégalithiques, on peut faire toutefois d'utiles remarques sur la forme donnée à leurs constructions par les enfants de Misraïm. L'obélisque et la stèle funéraire sont de véritables menhirs ; les pyramides sont de gigantesques galgals. Ailleurs, la pierre des monuments reste brute : l'architecte ne connaissait pas le ciseau du sculpteur ; peut-être dédaignait-il de polir et d'ouvrer la matière, pour rester fidèle à la tradition du type primitif. La présence de motifs d'ornementation constitue l'exception. En Égypte, au contraire, tout porte la trace d'une civilisation avancée.

Voisine de la terre de Misraïm, l'Ethiopie n'a pas d'histoire particulière. Tour-à-tour conquise ou conquérante, elle a subi le joug de l'Égypte ou lui a imposé des dynasties. C'est assez dire qu'elle a participé à ses arts et à son industrie.

Quant aux autres régions de l'Afrique septentrionale, de nombreux cromlechs, dolmens et tumuli y ont été découverts, notamment dans les contrées qui forment l'Algérie française. Il paraît plus simple de rapporter la construction de ces monuments aux habitants primitifs du pays, que de les attribuer, comme le font quelques-uns, à des légionnaires d'origine celtique cantonnés en Numidie. Au reste, qu'on adopte cette dernière explication, qu'on admette l'existence de tribus de Celtes en ces lieux, il ne peut être affirmé que tous les monuments mégalithiques qui s'y rencontrent leur soient dus, ces peuplades ayant nécessairement vécu faibles et isolées au milieu d'une nombreuse population de race différente.

II.

CHAMITES ET SÉMITES.

Asie de la Méditerranée à l'Euphrate.

Le pays qui s'étend de la Méditerranée à l'Euphrate fut peuplé par des nations d'origine variée. Avant l'arrivée des Hébreux, descendants d'Arphaxad, fils de Sem, — le renommé, — la contrée comprise entre Sidon, Gaza, Sodome et Gomorrhe était habitée par des tribus issues de Chanaan, fils de Cham. La postérité d'Aram, fils de Sem, couvrait tout le reste du territoire jusqu'à la Mésopotamie.

Sans entrer dans les détails, un seul témoignage suffira pour ces régions. « Des constructions mégalithiques, dit M. Vivien de Saint-Martin, ont été observées à l'Est du Jourdain, en Syrie et en diverses parties de l'Asie. »

La Bible, en plusieurs endroits, signale des monuments semblables :

Jacob érige un galgal, Gen., xxxi, 45, 46. — Des galgals sont élevés : au prévaricateur Achan, Jos., vii, 26 ; au roi de Haï, Jos., viii, 29 ; à Absalon, ii. Reg., xviii, 17.

Qu'importe que dans ces passages, il s'agisse de pierres commémoratives ou de tombes de criminels. Il n'en reste pas moins établi que les Hébreux pratiquaient ce genre de constructions.

Arabie.

L'Arabie fut d'abord peuplée par les descendants de Cham, puis par les Sémites.

Dans l'Arabie centrale, près d'Eyoun, il se rencontre des constructions mégalithiques. Ce sont d'énormes pierres, « placées debout sur le sol, les unes isolées, les autres surmontées de masses semblables posées transversalement. Leur disposition, dit M. Palgrave, paraissait annoncer qu'elles avaient fait partie d'un vaste cercle, dont, au reste, on voyait encore, non loin de là, quelques fragments. »

III.

JAPHÉTIDES.

Nous ne faisons pas ici une étude des races humaines. Nous n'avons donc pas à énumérer tous les enfants de Japhet et les peuples dont ils furent les ancêtres. Nous prenons, çà et là, les traits qui se rapportent directement à notre sujet.

Au nombre des enfants de Japhet, — la beauté, l'extension, — se trouve Gomer. Celui-ci eut plusieurs fils, entre autres : Askenaz, tige des nations scandinaves et germaniques, Riphat, père des Celtes ou Gaulois. — Un autre enfant de Japhet s'appela Magog. Josèphe, interprète des traditions constantes de la nation juive, donne aux fils de Magog le nom de Scythes. Tout semble prouver que, sous le nom de Magog, l'écrivain inspiré de la Genèse a voulu représenter les nombreuses tribus qui constituent la race Touranienne ou Tartaro-Finnoise. A cette race se rattachent les habitants de la Finlande, les Hongrois, les Turcs ; la masse principale, demeurée dans son ancien berceau, se compose des nations du Turkestan et du plateau de l'Asie centrale. Bien que leur langue et leur type physique diffèrent beaucoup de la langue et du type des nations proprement japhétiques, les savants les plus autorisés en pareille matière affirment une parenté originaire entre les deux races ; les peuples issus de Magog seraient, de toute la descendance de Japhet, ceux qui se sont le plus anciennement séparés des autres et qui se sont le plus altérés dans leur vie d'isolement. — Un autre enfant de Japhet, Javan ou Ioun, fut le père des Ioniens et des Grecs. Au nombre de ses fils sont Elisah et Tharsis. Élisah est l'Hellas, c'est-à-dire la Grèce. Tharsis personnifie les Pélasges Tyrrhéniens, dont on trouve un rameau établi en Grèce et qui formaient la population primitive d'une grande partie de l'Italie.

En Asie-Mineure, où s'établit Lud (Lydiens), fils de Sem, et patrie de Javan, en Grèce, en Italie, les constructions mégalithiques ou analogues ont été employées. Les auteurs de l'antiquité pourraient en fournir des exemples nombreux : quelques-uns suffiront. Des pierres furent entassées sur la dépouille de Laïus, père d'Œdipe. Dans l'Iliade, Homère parle des collines édifiées à la mémoire d'Hector et de Patrocle. Celle de Patrocle, œuvre pieuse d'Achille, avait plus de cent pieds de diamètre. Homère, rappelant les tumuli de son temps déjà très anciens en Grèce, dit que ce sont les tombeaux des héros. Un tumulus fut érigé par Alexandre-le-Grand sur les cendres de son ami Ephestion, et telles étaient les dimensions de ce dernier monument, qu'il coûta, dit-on, douze cents talents, près de six millions de francs de notre monnaie. L'histoire romaine nous offre des faits du même genre.

De nombreuses constructions mégalithiques ont été signalées dans le Turkestan et dans l'Asie centrale. Citons seulement le récit de deux voyageurs.

M. Atkinson voyageant en Tartarie, sa troupe prit au sud des monts Taugnous, en les laissant à sa gauche. Quelques étapes l'amenèrent au pied de collines basses, d'un aspect sablonneux, courant de l'est à l'ouest. En avant s'étendait une plaine immense, sans limites, et qui ne semblait toutefois qu'un point dans le désert. Cette plaine, Tchinkis-Khan l'avait fait traverser à ses hordes..... De nombreux tumuli se montraient dispersés dans la plaine ; ils renferment peut-être les restes des peuplades que Tchinkis-Khan exterminait sur son passage. M. Atkinson eût bien voulu s'en assurer, mais il ne possédait aucun moyen d'ouvrir une de ces tombes, et cette circonstance, dit-il, lui a laissé un des plus grands regrets de son voyage.

M. Durand, missionnaire, a parcouru le Thibet, après M. Krick. Il signale une vallée étroite et peu profonde, située à un demi-kilomètre de Kiang-ka, et environnée de pics arides et escarpés. Si on entre dans la vallée, après avoir franchi un maigre ruisseau, on gravit sur la droite un petit tertre, et là, sur un sol inculte et noirci par le feu, on distingue des ossements calcinés. Çà et là on voit s'élever plusieurs tertres de terre, entourés de symboles païens, et dont la structure dénote des tombeaux.

Il n'est pas nécessaire d'appeler l'attention, même un instant, sur les Germains et les Scandinaves. Leurs usages sont connus. Qu'on se souvienne seulement de la *Saga* dont des fragments ont trouvé place dans *les Feux de la Saint-Jean*. Il y est dit que Odin *remit* en vigueur les anciennes lois des Ases. La dépouille des morts devait être brûlée, et sur leurs cendres devaient être dressés des tertres ou des pierres monumentales. Or, d'après les meilleurs historiens, l'établissement des Ases dans les pays d'Occident ne peut pas être de beaucoup antérieur à l'ère chrétienne. Dans leur première patrie ils avaient déjà ces coutumes, puisqu'on affirme qu'elles furent renouvelées. Ils les ont conservées dans les contrées dont ils ont fait leur séjour définitif.

Restent les Celtes. Ceux-ci couvraient d'abord, comme d'une première couche, dit Ozanam, toutes les régions que l'invasion germanique devait inonder : la Bretagne, la Gaule, l'Espagne, la Haute-Italie. Leurs établissements s'étendaient au bord de la Baltique, où l'on trouve les *Cimbres*; dans la Bohème colonisée par les *Boïens*, sur les rives du Danube, habitées par les *Scordisques* et les *Taurisques*, frères des Gaulois; enfin, jusqu'au Nord du Pont-Euxin et du Palus-Méotide, où les anciens plaçaient la première patrie des *Cimmériens*, c'est-à-dire des peuples celtiques.

Les Scandinaves et les Germains, ces peuples frères d'origine des Celtes, se sont rappelé, une fois établis en Europe, les traditions de leurs ancêtres. Les Celtes ont-ils, comme eux et avant eux, érigé des monuments mégalithiques ? La question est importante. D'une part, qu'ils aient, dans nos pays, pratiqué ce mode de construction, il n'en est pas moins certain qu'on ne peut plus désigner de leur nom ni du nom de leur caste sacerdotale des monuments qu'on trouve répandus sur tous les points du globe, et qui, dans plusieurs contrées, ont été certainement dressés par des nations de races absolument différentes. D'ailleurs, nombre d'écrivains et d'archéologues affirment que « les Celtes sont tout-à-fait innocents des constructions mégalithiques. Ils les trouvèrent toutes faites lors de leur immigration, et sans doute ils les considérèrent avec autant d'étonnement que nous-mêmes. Ils en tirèrent parti, lorsqu'il leur parut avantageux de les utiliser. » Cette opinion est-elle sérieusement fondée? Les Celtes, sans prétendre y attacher leur nom, n'ont-ils jamais construit de ces monuments? Avant de répondre à ces questions, il paraît utile de jeter un rapide coup-d'œil sur la théorie des âges pré-historiques aujourd'hui généralement adoptée.

Créé avant la période glaciaire, l'homme traverse une série de perfectionnements et de catastrophes qui le conduisent jusqu'aux temps historiques. D'abord, habitant des cavernes, il est en face d'animaux gigantesques dont il se défend et auxquels il dispute sa pâture. Ses armes sont brutes comme lui, des éclats de silex, des débris d'ossements. Il découvre le feu et commence à s'exercer à l'art du potier.

Les anciens ennemis de l'homme ont disparu ou finissent de s'éteindre. A la période du grand ours succède celle du renne, pendant laquelle les anciens procédés se perfectionnent; le bois de renne est principalement utilisé. Le graveur et le sculpteur s'étudient à représenter la nature vivante.

Vient le déluge. Ce désastre est le signal de nouveaux progrès. C'est l'âge de la pierre polie. Grâce aux efforts de l'homme, les animaux féroces diminuent, les animaux domestiques se propagent de plus en plus. Bientôt des œuvres d'un travail plus achevé apparaissent. Une nouvelle transformation s'opère dans la vie humaine. De chasseur, de nomade, l'homme devient agriculteur; puis poursuivant sa marche et découvrant les métaux, il agrandit sa vie et sa sphère d'action et arrive à l'histoire, en dépassant les âges du bronze et du fer.

La théorie des âges pré-historiques a produit des résultats précieux. Sur certains points, la vérité s'est fait jour. Ailleurs, en groupant les faits autour de quelques types principaux, il a été possible de les étudier avec plus d'avantage. Mais, sera-t-elle définitive ? Elle paraît surtout faite pour les pays d'Occident auxquels elle s'appliquerait avec assez d'exactitude. D'après ce système, l'humanité aurait passé par des phases successives qui toutes la conduisent à de plus grands perfectionnements. Si l'on considère la destinée de l'homme dans son ensemble, les faits ne cadrent pas avec ces théories inflexibles. L'histoire de la civilisation n'est pas une trame ininterrompue ; il s'y trouve des lacunes, et souvent le travail d'une époque est à recommencer. Ainsi, il est incontestable que l'homme, à l'origine, ne connaissant pas les métaux, dut pourvoir à ses besoins à l'aide d'instruments dont il avait la matière à portée : l'os et la pierre. Mais il est incontestable aussi qu'après six ou sept générations — quelques siècles, — l'homme anté-diluvien connaissait l'art de fondre et d'utiliser les métaux. La Bible en nomme l'inventeur. Depuis ce temps jusqu'au déluge, les races établies dans l'Asie centrale furent loin d'oublier ces découvertes. Cependant, avant cette invention, de nombreuses tribus avaient quitté le centre commun. A mesure qu'elles s'éloignaient de leur berceau, leur intelligence, émoussée par les nombreux besoins de l'existence, perdait de son énergie, et leurs descendants montèrent lentement les progrès de l'âge de la pierre, tel qu'il est signalé dans nos régions. Mêmes observations pour les temps postérieurs au déluge. Restés rapprochés du centre de la dispersion, des peuples considérables, en Asie et en Égypte, utilisent les connaissances de l'époque précédente et se signalent rapidement par de gigantesques constructions, témoignant ainsi de la puissance de leur industrie et de leur civilisation avancée. En même temps, d'autres nations, dans leurs migrations à travers le monde, laisseront s'effacer peu-à-peu les vestiges d'une culture supérieure et ne sortiront de leur état de torpeur que lentement et par des essais souvent infructueux. Quoi qu'il en soit de ces difficultés, acceptons le système des âges en ce qu'il semble avoir d'à peu près certain pour nos contrées, et, à son aide, essayons de répondre à la question précédemment posée relativement aux Celtes.

De nombreuses constructions mégalithiques se rencontrent sur tous les points des territoires occupés par ce peuple. Or, voici la réponse des hommes compétents sur l'âge présumé de ces monuments. « Toutes les constructions mégalithiques, dit M. L. Figuier, ne remontent pas à la même époque. Les unes ont été élevées pendant l'âge de la pierre, les autres pendant l'époque du bronze. Rien dans leur mode d'architecture ne peut nous faire reconnaître leur degré d'ancienneté; mais les restes qu'ils contiennent nous renseignent parfaitement à cet égard. Ainsi, en France, les dolmens et les tumuli-dolmens ne contiennent ordinairement que des objets de pierre et d'os; le bronze et l'or y sont très rares; le fer ne s'y rencontre jamais. Dans les vrais tumuli, au contraire, le bronze domine, et le fer est plus abondant, preuve certaine qu'ils sont d'une origine moins ancienne que les dolmens. On s'est assuré de la même façon que les dolmens danois et les grandes salles sépulcrales de la Scandinavie appartiennent à l'époque de la pierre polie. » Voici, d'autre part, d'après des calculs qu'il serait trop long de rapporter, l'antiquité des différents âges : l'époque du bronze daterait, pour être d'accord avec la généralité des auteurs, de 4000 ans avant l'ère chrétienne; celle du fer de 2000 ans. Ne nous arrêtons pas à examiner si ces calculs ne sont pas exagérés; constatons seulement que l'orthodoxie n'est aucunement intéressée à cette supputation des temps. La Bible n'est pas un cours d'histoire; elle n'a pas de chronologie : vingt systèmes ont été essayés sur la base des faits qu'elle relate.

L'apparition des Celtes dans l'Occident ne remonte pas à deux mille ans avant Jésus-Christ; d'autres branches de la même race n'arrivèrent que beaucoup plus tard, au xiv⁰ et au vii⁰ siècle. C'est dire que ces peuples furent témoins de la fin de l'époque du bronze. Peut-être leur immigration caractérisa-t-elle le commencement de la période du fer. Cependant, de nombreux monuments des âges de la pierre et du bronze existent dans les contrées qu'ils ont occupées. Ce serait l'œuvre d'une race antérieure, totalement disparue ou fusionnée avec les Celtes. Remarquons de plus que Odin, vers des temps rapprochés des premières années de notre ère, ordonnait de brûler la dépouille des morts et d'en couvrir les cendres de terre amoncelée. Des tertres funéraires étaient érigés aux princes et aux chefs; des pierres monumentales, c'est-à-dire des menhirs, aux hommes qui s'étaient distingués par des actions d'éclat. Or, comme nous l'avons vu, les vrais tumuli seuls contiennent en abondance le bronze et le fer. D'autre part, la pratique générale de l'incinération est une habitude de la dernière époque; elle n'apparut que dans les temps extrêmes de l'âge du bronze.

De ces faits il résulte :

Que les Scandinaves n'ont pas construit de dolmens ni de tumuli-dolmens, mais seulement des tertres, sans charpente de pierre, recouvrant les cendres du bûcher des funérailles, et des menhirs;

Et que, les Celtes, appartenant à une période plus éloignée, ont pu assister à la transition d'une époque à une autre, dans les premiers temps de leur occupation. Ils auraient, en général, pratiqué l'incinération. Les dolmens et les tumuli-dolmens contiennent rarement du bronze, jamais du fer. Les tertres sans dolmens renferment, au contraire, beaucoup d'instruments de ces deux métaux; quelques-uns peu de bronze et beaucoup de fer. Les Celtes, venus postérieurement à l'érection des dolmens, recouverts ou non de tumuli, n'ont pu s'appliquer à des constructions de ce genre. Les tertres sans pierres monumentales, accompagnés d'objets de bronze et de fer, plus tard d'objets de fer seulement, telles auraient été leurs œuvres. En fait de monuments mégalithiques, ils n'auraient dressé que des menhirs.

Cette idée n'est que légèrement esquissée. Peut-être mérite-t-elle d'attirer l'examen de membres plus compétents de la Société polymathique.

Ces Mémoires ont été l'objet d'observations auxquelles l'auteur a répondu par la note suivante :

Monsieur et cher Collègue,

Je viens de recevoir vos *observations* relatives à mes deux mémoires sur les *Brittones* et les *Peuples constructeurs de monuments mégalithiques*. Je vous remercie de tout cœur de cet envoi et me félicite de vous avoir fourni l'occasion d'examiner de nouveau ces questions avec la science qui distingue vos divers travaux. Je n'ai pas eu le bonheur de partager vos opinions sur ces obscures et difficiles matières ; mais je n'oublie pas que la contradiction est la condition nécessaire du progrès scientifique, et que, dans le cas même où les questions abordées ne paraîtraient pas définitivement résolues, les plus modestes labeurs peuvent fournir des matériaux pour l'œuvre que l'avenir construira. Je n'ai pas l'intention de défendre mes études : elles ont été soumises à l'examen de juges compétents. Je vous demande seulement la permission de vous signaler, dans l'analyse de mon second mémoire et, par conséquent, dans l'appréciation de mes propositions, des inexactitudes qui en dénaturent considérablement le sens. Vous êtes trop loyal, vous aimez trop la vérité pour me savoir mauvais gré de ma franchise.

J'écris (1re proposition) :

« Créé avant la période glaciaire, l'homme a traversé une série de perfectionnements et de catastrophes qui l'ont conduit jusqu'aux temps historiques. »

Et vous dites :

« Cette proposition touche de bien près à la théorie d'une création successive des races humaines. »

Il me semble n'avoir rien avancé qui autorise une pareille interprétation. A mes yeux, la race humaine ou plutôt l'espèce humaine est une et la même, avant la période glaciaire et aujourd'hui, sa situation a varié suivant les conditions d'existence que lui faisait l'état du globe, mais l'humanité n'a pas eu besoin d'être renouvelée.

Vous résumez ainsi la 2e et la 3e proposition :

« .... Après six ou sept générations, l'homme connaissait l'art de fondre et d'utiliser les métaux. L'époque du bronze daterait de quatre mille ans avant l'ère chrétienne et celle du fer de deux mille ans. L'âge de la pierre polie correspondrait aux temps du déluge de Noé. »

« Avant l'invention des sciences métallurgiques, de nombreuses tribus avaient quitté le centre commun, et, à mesure qu'elles s'éloignaient de leur berceau, leur intelligence, émoussée par les misères de l'existence, perdait de son énergie. Leurs descendants montèrent lentement les progrès de l'âge de la pierre, tel qu'il est signalé dans nos régions. Cette remarque s'applique à la fois aux temps antérieurs et aux temps postérieurs au déluge. En Asie et en Egypte, au contraire, les hommes se signalent promptement par de gigantesques constructions. »

Vous ajoutez (2e proposition) que je refuse implicitement cette haute antiquité (anté-diluvienne) à la découverte des métaux, que je préfère me mettre en opposition avec une donnée de la Bible ; enfin, que je place le déluge entre la création et l'âge de bronze.

Cette analyse et ces appréciations me surprennent. Vous avez eu, Monsieur, le texte de mon mémoire sous les yeux. Or, nulle part je n'ai exprimé les pensées que vous me prêtez.

1° Je ne refuse pas la connaissance de la métallurgie à l'humanité anté-diluvienne ; je ne me mets pas en opposition avec la Bible, puisque je la cite et que je m'appuie sur son témoignage pour établir précisément que la découverte des métaux eut lieu à une époque antérieure de plusieurs siècles au déluge. Mes paroles sont formelles ; les voici :

« Il est incontestable que l'homme, à son origine, ne connaissant pas les métaux, dut pourvoir à ses besoins à l'aide d'instruments dont il avait la matière à portée : la pierre et l'os. Mais il est incontestable aussi que, après six ou sept générations — quelques siècles, — l'homme anté-diluvien connaissait l'art de fondre et d'utiliser les métaux. La Bible en nomme l'inventeur. Depuis ce temps jusqu'au déluge, les races établies dans l'Asie centrale furent loin d'oublier ces découvertes. »

2° Vous écrivez :

« L'auteur augmente la difficulté en plaçant le déluge entre la création et l'âge de bronze. »

Je ne crois pas, en le faisant, augmenter la difficulté, car, dans mon système, il n'y en a pas.

J'admets, pour l'humanité antérieure aux temps historiques, deux états différents, suivant que les races étaient rapprochées ou éloignées de leur berceau : état de grande civilisation pour les unes, état de déchéance graduelle, puis de progrès lents pour les tribus dispersées. Dans votre analyse, vous n'avez pas fait cette distinction qui, cependant, me paraît clairement ressortir de mon texte. Les lignes que j'ai reproduites plus haut prouvent que je reconnais la découverte des métaux dans la période antérieure au déluge, et que la pratique de la métallurgie a continué, dans l'Asie centrale, jusqu'à ce cataclysme.

Les lignes suivantes, concernant les temps postérieurs, établissent le développement de la même tradition pour ces peuples et les peuples voisins :

« Restés rapprochés du centre de la dispersion, des peuples considérables, en Asie et en Égypte, utilisent les découvertes de l'époque précédente et se signalent par de gigantesques constructions. » D'autre part, je prétends que les tribus qui s'éloignèrent du centre commun, avant l'invention des métaux, arrivèrent à peine à la pierre polie antérieurement au déluge, et que, pour les races qui, à l'époque suivante, abandonnèrent leur berceau, la suite des temps et les besoins de la vie leur firent perdre, momentanément, toute culture supérieure. En somme, les peuples qui restèrent fixés dans l'Asie centrale et dans les contrées voisines découvrirent les métaux, quelques générations après la création et, par conséquent, plusieurs siècles avant le déluge. Au contraire, les races répandues aux extrémités du globe traversèrent les diverses phases exprimées par la théorie des âges et n'eurent l'époque du bronze qu'après le déluge. Je ne rencontre ici aucune de ces « contradictions flagrantes » que vous signalez.

J'ai l'honneur, etc.

EUZENOT.

Guidel, le 30 août 1871.

www.ingramcontent.com/pod-product-compliance
Lightning Source LLC
Chambersburg PA
CBHW061009050426
42453CB00009B/1343